한문
법화경 사경 3

운주사

| 묘법연화경 제一권 | 제1 서품 | 9 |
| | 제2 방편품 | 53 |

| 묘법연화경 제二권 | 제3 비유품 | 5 |
| | 제4 신해품 | 77 |

묘법연화경 제三권	제5 약초유품	5
	제6 수기품	24
	제7 화성유품	44

묘법연화경 제四권	제8 오백제자수기품	5
	제9 수학무학인기품	28
	제10 법사품	41
	제11 견보탑품	62
	제12 제바달다품	90
	제13 권지품	107

묘법연화경 제五권	제14 안락행품	5
	제15 종지용출품	40
	제16 여래수량품	68
	제17 분별공덕품	88

묘법연화경 제六권	제18 수희공덕품	5
	제19 법사공덕품	18
	제20 상불경보살품	49
	제21 여래신력품	65
	제22 촉루품	76
	제23 약왕보살본사품	81

묘법연화경 제七권	제24 묘음보살품	5
	제25 관세음보살보문품	25
	제26 다라니품	46
	제27 묘장엄왕본사품	59
	제28 보현보살권발품	76

사경 시작한 날 : 불기   년   월   일

_____ 두손 모음

妙法蓮華經 卷第三

藥草喩品 第五
약 초 유 품 제 오

爾時 世尊 告摩訶迦葉 及
이 시 세 존 고 마 하 가 섭 급

諸大弟子 善哉善哉 迦葉善
제 대 제 자 선 재 선 재 가 섭 선

說 如來眞實功德 誠如所
설 여 래 진 실 공 덕 성 여 소

言 如來復有 無量無邊 阿
언 여 래 부 유 무 량 무 변 아

僧祇功德 汝等 若於無量億
승 기 공 덕 여 등 약 어 무 량 억

劫 說不能盡 迦葉當知 如
겁 설 불 능 진 가 섭 당 지 여

來 是諸法之王 若有所說
래 시 제 법 지 왕 약 유 소 설

皆不虛也 於一切法 以智方
개 불 허 야 어 일 체 법 이 지 방

便 而演說之 其所說法 皆
편 이 연 설 지 기 소 설 법 개

悉到於 一切智地 如來觀知
실 도 어 일 체 지 지 여 래 관 지

一切諸法之所歸趣 亦知一
일 체 제 법 지 소 귀 취 역 지 일

切衆生 深心所行 通達無礙
체 중 생 심 심 소 행 통 달 무 애

又於諸法 究盡明了 示諸
우 어 제 법 구 진 명 료 시 제

衆生 一切智慧 迦葉 譬如
중 생 일 체 지 혜 가 섭 비 여

三千大千世界 山川谿谷 土
삼 천 대 천 세 계 산 천 계 곡 토

地所生 卉木叢林 及諸藥草
지 소 생 훼 목 총 림 급 제 약 초

種類若干 名色各異 密雲彌
종 류 약 간 명 색 각 이 밀 운 미

布 遍 覆 三 千 大 千 世 界 一 時
포 변 부 삼 천 대 천 세 계 일 시

等 澍 其 澤 普 洽 卉 木 叢 林
등 주 기 택 보 흡 훼 목 총 림

及 諸 藥 草 小 根 小 莖 小 枝 小
급 제 약 초 소 근 소 경 소 지 소

葉 中 根 中 莖 中 枝 中 葉 大
엽 중 근 중 경 중 지 중 엽 대

根 大 莖 大 枝 大 葉 諸 樹 大 小
근 대 경 대 지 대 엽 제 수 대 소

隨 上 中 下 各 有 所 受 一 雲 所
수 상 중 하 각 유 소 수 일 운 소

雨 稱 其 種 性 而 得 生 長 華
우 칭 기 종 성 이 득 생 장 화

果 敷 實 雖 一 地 所 生 一 雨 所
과 부 실 수 일 지 소 생 일 우 소

潤 而 諸 草 木 各 有 差 別 迦
윤 이 제 초 목 각 유 차 별 가

葉 當 知 如 來 亦 復 如 是 出
섭 당 지 여 래 역 부 여 시 출

現於世 如大雲起 以大音聲
현어세 여대운기 이대음성
普遍世界 天人阿修羅 如彼
보변세계 천인아수라 여피
大雲 遍覆三千大千國土 於
대운 변부삼천대천국토 어
大衆中 而唱是言 我是如來
대중중 이창시언 아시여래
應供 正遍知 明行足 善逝
응공 정변지 명행족 선서
世間解 無上士 調御丈夫
세간해 무상사 조어장부
天人師 佛世尊 未度者令度
천인사 불세존 미도자영도
未解者令解 未安者令安 未
미해자영해 미안자영안 미
涅槃者 令得涅槃 今世後
열반자 영득열반 금세후
世 如實知之 我是一切知者
세 여실지지 아시일체지자

一切見者 知道者 開道者
일 체 견 자　지 도 자　개 도 자

說道者 汝等天人 阿修羅
설 도 자　여 등 천 인　아 수 라

衆 皆應到此 爲聽法故 爾
중　개 응 도 차　위 청 법 고　이

時 無數千萬億種衆生 來至
시　무 수 천 만 억 종 중 생　내 지

佛所 而聽法 如來于時 觀
불 소　이 청 법　여 래 우 시　관

是衆生 諸根利鈍 精進懈怠
시 중 생　제 근 이 둔　정 진 해 태

隨其所堪 而爲說法 種種無
수 기 소 감　이 위 설 법　종 종 무

量 皆令歡喜 快得善利 是
량　개 령 환 희　쾌 득 선 리　시

諸衆生 聞是法已 現世安隱
제 중 생　문 시 법 이　현 세 안 은

後生善處 以道受樂 亦得聞
후 생 선 처　이 도 수 락　역 득 문

法 旣聞法已 離諸障礙 於
법 기문법이 이제장애 어

諸法中 任力所能 漸得入道
제법중 임력소능 점득입도

如彼大雲 雨於一切卉木叢
여피대운 우어일체훼목총

林 及諸藥草 如其種性 具
림 급제약초 여기종성 구

足蒙潤 各得生長 如來說法
족몽윤 각득생장 여래설법

一相一味 所謂 解脫相 離
일상일미 소위 해탈상 이

相 滅相 究竟至於一切種智
상 멸상 구경지어일체종지

其有衆生 聞如來法 若持讀
기유중생 문여래법 약지독

誦 如說修行 所得功德 不
송 여설수행 소득공덕 부

自覺知 所以者何 唯有如來
자각지 소이자하 유유여래

知此眾生　種相體性　念何事
지 차 중 생　종 상 체 성　염 하 사

思何事　修何事　云何念　云
사 하 사　수 하 사　운 하 념　운

何思　云何修　以何法念　以
하 사　운 하 수　이 하 법 념　이

何法思　以何法修　以何法得
하 법 사　이 하 법 수　이 하 법 득

何法　眾生住於種種之地　唯
하 법　중 생 주 어 종 종 지 지　유

有如來　如實見之　明了無礙
유 여 래　여 실 견 지　명 료 무 애

如彼卉木叢林　諸藥草等　而
여 피 훼 목 총 림　제 약 초 등　이

不自知　上中下性　如來知是
부 자 지　상 중 하 성　여 래 지 시

一相一味之法　所謂　解脫
일 상 일 미 지 법　소 위　해 탈

相　離相　滅相　究竟涅槃　常
상　이 상　멸 상　구 경 열 반　상

寂滅相 終歸於空 佛知是已
적멸상 종귀어공 불지시이

觀衆生心欲 而將護之 是故
관 중생심욕 이장호지 시고

不卽爲說 一切種智 汝等迦
부즉위설 일체종지 여등가

葉 甚爲希有 能知如來 隨
섭 심위희유 능지여래 수

宜說法 能信能受 所以者何
의설법 능신능수 소이자하

諸佛世尊 隨宜說法 難解難
제불세존 수의설법 난해난

知 爾時 世尊 欲重宣此義
지 이시 세존 욕중선차의

而說偈言
이설게언

破有法王 出現世間
파유법왕 출현세간

隨衆生欲 種種說法
수중생욕 종종설법

如來尊重　智慧深遠
여 래 존 중　지 혜 심 원

久默斯要　不務速說
구 묵 사 요　불 무 속 설

有智若聞　則能信解
유 지 약 문　즉 능 신 해

無智疑悔　則爲永失
무 지 의 회　즉 위 영 실

是故迦葉　隨力爲說
시 고 가 섭　수 력 위 설

以種種緣　令得正見
이 종 종 연　영 득 정 견

迦葉當知　譬如大雲
가 섭 당 지　비 여 대 운

起於世間　遍覆一切
기 어 세 간　변 부 일 체

慧雲含潤　電光晃曜
혜 운 함 윤　전 광 황 요

雷聲遠震　令衆悅豫
뇌 성 원 진　영 중 열 예

日光掩蔽 地上清涼
일 광 엄 폐　지 상 청 량

靉靆垂布 如可承攬
애 체 수 포　여 가 승 람

其雨普等 四方俱下
기 우 보 등　사 방 구 하

流澍無量 率土充洽
유 주 무 량　솔 토 충 흡

山川險谷 幽邃所生
산 천 험 곡　유 수 소 생

卉木藥草 大小諸樹
훼 목 약 초　대 소 제 수

百穀苗稼 甘蔗蒲萄
백 곡 묘 가　감 자 포 도

雨之所潤 無不豐足
우 지 소 윤　무 불 풍 족

乾地普洽 藥木竝茂
건 지 보 흡　약 목 병 무

其雲所出 一味之水
기 운 소 출　일 미 지 수

草木叢林 隨分受潤
초 목 총 림　수 분 수 윤

一切諸樹 上中下等
일 체 제 수　상 중 하 등

稱其大小 各得生長
칭 기 대 소　각 득 생 장

根莖枝葉 華果光色
근 경 지 엽　화 과 광 색

一雨所及 皆得鮮澤
일 우 소 급　개 득 선 택

如其體相 性分大小
여 기 체 상　성 분 대 소

所潤是一 而各滋茂
소 윤 시 일　이 각 자 무

佛亦如是 出現於世
불 역 여 시　출 현 어 세

譬如大雲 普覆一切
비 여 대 운　보 부 일 체

旣出于世 爲諸衆生
기 출 우 세　위 제 중 생

分別演說　諸法之實
분 별 연 설　제 법 지 실

大聖世尊　於諸天人
대 성 세 존　어 제 천 인

一切衆中　而宣是言
일 체 중 중　이 선 시 언

我爲如來　兩足之尊
아 위 여 래　양 족 지 존

出于世間　猶如大雲
출 우 세 간　유 여 대 운

充潤一切　枯槁衆生
충 윤 일 체　고 고 중 생

皆令離苦　得安隱樂
개 령 이 고　득 안 은 락

世間之樂　及涅槃樂
세 간 지 락　급 열 반 락

諸天人衆　一心善聽
제 천 인 중　일 심 선 청

皆應到此　覲無上尊
개 응 도 차　근 무 상 존

我爲世尊 無能及者
아 위 세 존　무 능 급 자

安隱衆生 故現於世
안 은 중 생　고 현 어 세

爲大衆說 甘露淨法
위 대 중 설　감 로 정 법

其法一味 解脫涅槃
기 법 일 미　해 탈 열 반

以一妙音 演暢斯義
이 일 묘 음　연 창 사 의

常爲大乘 而作因緣
상 위 대 승　이 작 인 연

我觀一切 普皆平等
아 관 일 체　보 개 평 등

無有彼此 愛憎之心
무 유 피 차　애 증 지 심

我無貪著 亦無限礙
아 무 탐 착　역 무 한 애

恒爲一切 平等說法
항 위 일 체　평 등 설 법

如爲一人　衆多亦然
여위일인　중다역연

常演說法　曾無他事
상연설법　증무타사

去來坐立　終不疲厭
거래좌립　종불피염

充足世間　如雨普潤
충족세간　여우보윤

貴賤上下　持戒毀戒
귀천상하　지계훼계

威儀具足　及不具足
위의구족　급불구족

正見邪見　利根鈍根
정견사견　이근둔근

等雨法雨　而無懈倦
등우법우　이무해권

一切衆生　聞我法者
일체중생　문아법자

隨力所受　住於諸地
수력소수　주어제지

或處人天 轉輪聖王
혹 처 인 천　전 륜 성 왕

釋梵諸王 是小藥草
석 범 제 왕　시 소 약 초

知無漏法 能得涅槃
지 무 루 법　능 득 열 반

起六神通 及得三明
기 육 신 통　급 득 삼 명

獨處山林 常行禪定
독 처 산 림　상 행 선 정

得緣覺證 是中藥草
득 연 각 증　시 중 약 초

求世尊處 我當作佛
구 세 존 처　아 당 작 불

行精進定 是上藥草
행 정 진 정　시 상 약 초

又諸佛子 專心佛道
우 제 불 자　전 심 불 도

常行慈悲 自知作佛
상 행 자 비　자 지 작 불

決定無疑 是名小樹
결 정 무 의 시 명 소 수

安住神通 轉不退輪
안 주 신 통 전 불 퇴 륜

度無量億 百千衆生
도 무 량 억 백 천 중 생

如是菩薩 名爲大樹
여 시 보 살 명 위 대 수

佛平等說 如一味雨
불 평 등 설 여 일 미 우

隨衆生性 所受不同
수 중 생 성 소 수 부 동

如彼草木 所稟各異
여 피 초 목 소 품 각 이

佛以此喩 方便開示
불 이 차 유 방 편 개 시

種種言辭 演說一法
종 종 언 사 연 설 일 법

於佛智慧 如海一滴
어 불 지 혜 여 해 일 적

我雨法雨 充滿世間
아 우 법 우　충 만 세 간

一味之法 隨力修行
일 미 지 법　수 력 수 행

如彼叢林 藥草諸樹
여 피 총 림　약 초 제 수

隨其大小 漸增茂好
수 기 대 소　점 증 무 호

諸佛之法 常以一味
제 불 지 법　상 이 일 미

令諸世間 普得具足
영 제 세 간　보 득 구 족

漸次修行 皆得道果
점 차 수 행　개 득 도 과

聲聞緣覺 處於山林
성 문 연 각　처 어 산 림

住最後身 聞法得果
주 최 후 신　문 법 득 과

是名藥草 各得增長
시 명 약 초　각 득 증 장

若諸菩薩　智慧堅固
약 제 보 살　지 혜 견 고

了達三界　求最上乘
요 달 삼 계　구 최 상 승

是名小樹　而得增長
시 명 소 수　이 득 증 장

復有住禪　得神通力
부 유 주 선　득 신 통 력

聞諸法空　心大歡喜
문 제 법 공　심 대 환 희

放無數光　度諸衆生
방 무 수 광　도 제 중 생

是名大樹　而得增長
시 명 대 수　이 득 증 장

如是迦葉　佛所說法
여 시 가 섭　불 소 설 법

譬如大雲　以一味雨
비 여 대 운　이 일 미 우

潤於人華　各得成實
윤 어 인 화　각 득 성 실

迦葉當知 以諸因緣
가 섭 당 지　이 제 인 연

種種譬喩 開示佛道
종 종 비 유　개 시 불 도

是我方便 諸佛亦然
시 아 방 편　제 불 역 연

今爲汝等 說最實事
금 위 여 등　설 최 실 사

諸聲聞衆 皆非滅度
제 성 문 중　개 비 멸 도

汝等所行 是菩薩道
여 등 소 행　시 보 살 도

漸漸修學 悉當成佛
점 점 수 학　실 당 성 불

授記品 第六
수 기 품 제 육

爾時 世尊 說是偈已 告諸
이시 세존 설시게이 고제

大衆 唱如是言 我此弟子
대중 창여시언 아차제자

摩訶迦葉 於未來世 當得奉
마하가섭 어미래세 당득봉

覲 三百萬億 諸佛世尊 供
근 삼백만억 제불세존 공

養恭敬 尊重讚歎 廣宣諸佛
양공경 존중찬탄 광선제불

無量大法 於最後身 得成爲
무량대법 어최후신 득성위

佛 名曰光明如來 應供 正
불 명왈광명여래 응공 정

遍知 明行足 善逝 世間解
변지 명행족 선서 세간해

無上士 調御丈夫 天人師
무상사 조어장부 천인사

佛世尊 國名光德 劫名大莊
불세존 국명광덕 겁명대장

嚴 佛壽十二小劫 正法住世
엄 불수십이소겁 정법주세

二十小劫 像法亦住 二十小
이십소겁 상법역주 이십소

劫 國界嚴飾 無諸穢惡 瓦
겁 국계엄식 무제예악 와

礫荊棘 便利不淨 其土平正
력형극 변리부정 기토평정

無有高下 坑坎堆阜 琉璃爲
무유고하 갱감퇴부 유리위

地 寶樹行列 黃金爲繩 以
지 보수항렬 황금위승 이

界道側 散諸寶華 周遍淸淨
계도측 산제보화 주변청정

其國菩薩 無量千億 諸聲聞
기 국 보 살　무 량 천 억　제 성 문

衆 亦復無數 無有魔事 雖
중　역 부 무 수　무 유 마 사　수

有魔及魔民 皆護佛法 爾時
유 마 급 마 민　개 호 불 법　이 시

世尊 欲重宣此義 而說偈言
세 존　욕 중 선 차 의　이 설 게 언

告諸比丘 我以佛眼
고 제 비 구　아 이 불 안

見是迦葉 於未來世
견 시 가 섭　어 미 래 세

過無數劫 當得作佛
과 무 수 겁　당 득 작 불

而於來世 供養奉覲
이 어 내 세　공 양 봉 근

三百萬億 諸佛世尊
삼 백 만 억　제 불 세 존

爲佛智慧 淨修梵行
위 불 지 혜　정 수 범 행

供養最上　二足尊已
공양최상　이족존이

修習一切　無上之慧
수습일체　무상지혜

於最後身　得成爲佛
어최후신　득성위불

其土淸淨　琉璃爲地
기토청정　유리위지

多諸寶樹　行列道側
다제보수　항렬도측

金繩界道　見者歡喜
금승계도　견자환희

常出好香　散衆名華
상출호향　산중명화

種種奇妙　以爲莊嚴
종종기묘　이위장엄

其地平正　無有丘坑
기지평정　무유구갱

諸菩薩衆　不可稱計
제보살중　불가칭계

其心調柔 逮大神通
기 심 조 유 체 대 신 통

奉持諸佛 大乘經典
봉 지 제 불 대 승 경 전

諸聲聞眾 無漏後身
제 성 문 중 무 루 후 신

法王之子 亦不可計
법 왕 지 자 역 불 가 계

乃以天眼 不能數知
내 이 천 안 불 능 수 지

其佛當壽 十二小劫
기 불 당 수 십 이 소 겁

正法住世 二十小劫
정 법 주 세 이 십 소 겁

像法亦住 二十小劫
상 법 역 주 이 십 소 겁

光明世尊 其事如是
광 명 세 존 기 사 여 시

爾時 大目犍連 須菩提 摩
이 시 대 목 건 련 수 보 리 마

訶迦旃延等 皆悉悚慄 一心
하 가 전 연 등　개 실 송 률　일 심

合掌 瞻仰尊顔 目不暫捨
합 장　첨 앙 존 안　목 부 잠 사

卽共同聲 而說偈言
즉 공 동 성　이 설 게 언

大雄猛世尊 諸釋之法王
대 웅 맹 세 존　제 석 지 법 왕

哀愍我等故 而賜佛音聲
애 민 아 등 고　이 사 불 음 성

若知我深心 見爲授記者
약 지 아 심 심　견 위 수 기 자

如以甘露灑 除熱得淸涼
여 이 감 로 쇄　제 열 득 청 량

如從饑國來 忽遇大王饍
여 종 기 국 래　홀 우 대 왕 선

心猶懷疑懼 未敢卽便食
심 유 회 의 구　미 감 즉 변 식

若復得王敎 然後乃敢食
약 부 득 왕 교　연 후 내 감 식

我 等 亦 如 是　每 惟 小 乘 過
아 등 역 여 시　매 유 소 승 과

不 知 當 云 何　得 佛 無 上 慧
부 지 당 운 하　득 불 무 상 혜

雖 聞 佛 音 聲　言 我 等 作 佛
수 문 불 음 성　언 아 등 작 불

心 尚 懷 憂 懼　如 未 敢 便 食
심 상 회 우 구　여 미 감 변 식

若 蒙 佛 授 記　爾 乃 快 安 樂
약 몽 불 수 기　이 내 쾌 안 락

大 雄 猛 世 尊　常 欲 安 世 間
대 웅 맹 세 존　상 욕 안 세 간

願 賜 我 等 記　如 飢 須 教 食
원 사 아 등 기　여 기 수 교 식

爾 時　世 尊　知 諸 大 弟 子　心
이 시 세 존　지 제 대 제 자 심

之 所 念　告 諸 比 丘　是 須 菩 提
지 소 념　고 제 비 구　시 수 보 리

於 當 來 世　奉 覲 三 百 萬 億 那
어 당 래 세　봉 근 삼 백 만 억 나

由他佛 供養恭敬 尊重讚歎
유 타 불　공 양 공 경　존 중 찬 탄

常修梵行 具菩薩道 於最後
상 수 범 행　구 보 살 도　어 최 후

身 得成爲佛 號曰名相如來
신　득 성 위 불　호 왈 명 상 여 래

應供 正遍知 明行足 善逝
응 공　정 변 지　명 행 족　선 서

世間解 無上士 調御丈夫
세 간 해　무 상 사　조 어 장 부

天人師 佛世尊 劫名有寶
천 인 사　불 세 존　겁 명 유 보

國名寶生 其土平正 玻瓈爲
국 명 보 생　기 토 평 정　파 려 위

地 寶樹莊嚴 無諸丘坑 沙
지　보 수 장 엄　무 제 구 갱　사

礫荊棘 便利之穢 寶華覆地
력 형 극　변 리 지 예　보 화 부 지

周遍淸淨 其土人民 皆處寶
주 변 청 정　기 토 인 민　개 처 보

臺 珍妙樓閣 聲聞弟子 無
대 진 묘 루 각 성 문 제 자 무

量無邊 算數譬喻 所不能知
량 무 변 산 수 비 유 소 불 능 지

諸菩薩衆 無數千萬億那由
제 보 살 중 무 수 천 만 억 나 유

他 佛壽十二小劫 正法住世
타 불 수 십 이 소 겁 정 법 주 세

二十小劫 像法亦住 二十小
이 십 소 겁 상 법 역 주 이 십 소

劫 其佛 常處虛空 爲衆說
겁 기 불 상 처 허 공 위 중 설

法 度脫無量菩薩 及聲聞衆
법 도 탈 무 량 보 살 급 성 문 중

爾時 世尊 欲重宣此義 而
이 시 세 존 욕 중 선 차 의 이

說偈言
설 게 언

諸比丘衆 今告汝等
제 비 구 중 금 고 여 등

皆當一心 聽我所說
개 당 일 심 청 아 소 설

我大弟子 須菩提者
아 대 제 자 수 보 리 자

當得作佛 號曰名相
당 득 작 불 호 왈 명 상

當供無數 萬億諸佛
당 공 무 수 만 억 제 불

隨佛所行 漸具大道
수 불 소 행 점 구 대 도

最後身得 三十二相
최 후 신 득 삼 십 이 상

端正殊妙 猶如寶山
단 정 수 묘 유 여 보 산

其佛國土 嚴淨第一
기 불 국 토 엄 정 제 일

衆生見者 無不愛樂
중 생 견 자 무 불 애 락

佛於其中 度無量衆
불 어 기 중 도 무 량 중

其佛法中 多諸菩薩
기 불 법 중　다 제 보 살

皆悉利根 轉不退輪
개 실 이 근　전 불 퇴 륜

彼國常以 菩薩莊嚴
피 국 상 이　보 살 장 엄

諸聲聞衆 不可稱數
제 성 문 중　불 가 칭 수

皆得三明 具六神通
개 득 삼 명　구 육 신 통

住八解脫 有大威德
주 팔 해 탈　유 대 위 덕

其佛說法 現於無量
기 불 설 법　현 어 무 량

神通變化 不可思議
신 통 변 화　불 가 사 의

諸天人民 數如恒沙
제 천 인 민　수 여 항 사

皆共合掌 聽受佛語
개 공 합 장　청 수 불 어

其佛當壽 十二小劫
기 불 당 수 십 이 소 겁

正法住世 二十小劫
정 법 주 세 이 십 소 겁

像法亦住 二十小劫
상 법 역 주 이 십 소 겁

爾時 世尊 復告諸比丘衆
이 시 세 존 부 고 제 비 구 중

我今語汝 是大迦旃延 於當
아 금 어 여 시 대 가 전 연 어 당

來世 以諸供具 供養奉事
래 세 이 제 공 구 공 양 봉 사

八千億佛 恭敬尊重 諸佛滅
팔 천 억 불 공 경 존 중 제 불 멸

後 各起塔廟 高千由旬 縱
후 각 기 탑 묘 고 천 유 순 종

廣正等 五百由旬 皆以金銀
광 정 등 오 백 유 순 개 이 금 은

琉璃 硨磲瑪瑙 眞珠玫瑰
유 리 자 거 마 노 진 주 매 괴

七寶合成 衆華瓔珞 塗香抹
칠 보 합 성　중 화 영 락　도 향 말

香燒香 繒蓋幢幡 供養塔廟
향 소 향　증 개 당 번　공 양 탑 묘

過是已後 當復供養 二萬億
과 시 이 후　당 부 공 양　이 만 억

佛 亦復如是 供養是諸佛已
불　역 부 여 시　공 양 시 제 불 이

具菩薩道 當得作佛 號曰閻
구 보 살 도　당 득 작 불　호 왈 염

浮那提金光如來 應供 正遍
부 나 제 금 광 여 래　응 공　정 변

知 明行足 善逝 世間解 無
지　명 행 족　선 서　세 간 해　무

上士 調御丈夫 天人師 佛
상 사　조 어 장 부　천 인 사　불

世尊 其土平正 玻瓈爲地
세 존　기 토 평 정　파 려 위 지

寶樹莊嚴 黃金爲繩 以界道
보 수 장 엄　황 금 위 승　이 계 도

側　妙華覆地　周遍淸淨　見
측　묘화부지　주변청정　견

者歡喜　無四惡道　地獄餓鬼
자환희　무사악도　지옥아귀

畜生　阿修羅道　多有天人
축생　아수라도　다유천인

諸聲聞衆　及諸菩薩　無量萬
제성문중　급제보살　무량만

億　莊嚴其國　佛壽十二小劫
억　장엄기국　불수십이소겁

正法住世　二十小劫　像法亦
정법주세　이십소겁　상법역

住　二十小劫　爾時世尊　欲
주　이십소겁　이시세존　욕

重宣此義　而說偈言
중선차의　이설게언

諸比丘衆　皆一心聽
제비구중　개일심청

如我所說　眞實無異
여아소설　진실무이

是迦旃延 當以種種
시 가 전 연　당 이 종 종

妙好供具 供養諸佛
묘 호 공 구　공 양 제 불

諸佛滅後 起七寶塔
제 불 멸 후　기 칠 보 탑

亦以華香 供養舍利
역 이 화 향　공 양 사 리

其最後身 得佛智慧
기 최 후 신　득 불 지 혜

成等正覺 國土淸淨
성 등 정 각　국 토 청 정

度脫無量 萬億衆生
도 탈 무 량　만 억 중 생

皆爲十方 之所供養
개 위 시 방　지 소 공 양

佛之光明 無能勝者
불 지 광 명　무 능 승 자

其佛號曰 閻浮金光
기 불 호 왈　염 부 금 광

菩薩聲聞 斷一切有
보 살 성 문 단 일 체 유

無量無數 莊嚴其國
무 량 무 수 장 엄 기 국

爾時 世尊 復告大衆 我今
이 시 세 존 부 고 대 중 아 금

語汝 是大目犍連 當以種種
어 여 시 대 목 건 련 당 이 종 종

供具 供養八千諸佛 恭敬尊
공 구 공 양 팔 천 제 불 공 경 존

重 諸佛滅後 各起塔廟 高
중 제 불 멸 후 각 기 탑 묘 고

千由旬 縱廣正等 五百由旬
천 유 순 종 광 정 등 오 백 유 순

皆以金銀琉璃 硨磲瑪瑙 眞
개 이 금 은 유 리 자 거 마 노 진

珠玫瑰 七寶合成 衆華瓔珞
주 매 괴 칠 보 합 성 중 화 영 락

塗香抹香燒香 繒蓋幢幡 以
도 향 말 향 소 향 증 개 당 번 이

用供養 過是已後 當復供養
용 공 양　과 시 이 후　당 부 공 양

二百萬億諸佛 亦復如是 當
이 백 만 억 제 불　역 부 여 시　당

得成佛 號曰 多摩羅跋栴檀
득 성 불　호 왈　다 마 라 발 전 단

香如來 應供 正遍知 明行
향 여 래　응 공　정 변 지　명 행

足 善逝 世間解 無上士 調
족　선 서　세 간 해　무 상 사　조

御丈夫 天人師 佛世尊 劫
어 장 부　천 인 사　불 세 존　겁

名喜滿 國名意樂 其土平正
명 희 만　국 명 의 락　기 토 평 정

玻瓈爲地 寶樹莊嚴 散眞珠
파 려 위 지　보 수 장 엄　산 진 주

華 周遍清淨 見者歡喜 多
화　주 변 청 정　견 자 환 희　다

諸天人 菩薩聲聞 其數無量
제 천 인　보 살 성 문　기 수 무 량

佛壽 二十四小劫　正法住世
불 수 이 십 사 소 겁　정 법 주 세

四十小劫　像法亦住　四十小
사 십 소 겁　상 법 역 주　사 십 소

劫　爾時　世尊　欲重宣此義
겁　이 시　세 존　욕 중 선 차 의

而說偈言
이 설 게 언

我此弟子　大目犍連
아 차 제 자　대 목 건 련

捨是身已　得見八千
사 시 신 이　득 견 팔 천

二百萬億　諸佛世尊
이 백 만 억　제 불 세 존

爲佛道故　供養恭敬
위 불 도 고　공 양 공 경

於諸佛所　常修梵行
어 제 불 소　상 수 범 행

於無量劫　奉持佛法
어 무 량 겁　봉 지 불 법

諸佛滅後 起七寶塔
제 불 멸 후 기 칠 보 탑

長表金刹 華香伎樂
장 표 금 찰 화 향 기 악

而以供養 諸佛塔廟
이 이 공 양 제 불 탑 묘

漸漸具足 菩薩道已
점 점 구 족 보 살 도 이

於意樂國 而得作佛
어 의 락 국 이 득 작 불

號多摩羅 栴檀之香
호 다 마 라 전 단 지 향

其佛壽命 二十四劫
기 불 수 명 이 십 사 겁

常爲天人 演說佛道
상 위 천 인 연 설 불 도

聲聞無量 如恒河沙
성 문 무 량 여 항 하 사

三明六通 有大威德
삼 명 육 통 유 대 위 덕

菩薩無數　志固精進
보 살 무 수　지 고 정 진

於佛智慧　皆不退轉
어 불 지 혜　개 불 퇴 전

佛滅度後　正法當住
불 멸 도 후　정 법 당 주

四十小劫　像法亦爾
사 십 소 겁　상 법 역 이

我諸弟子　威德具足
아 제 제 자　위 덕 구 족

其數五百　皆當授記
기 수 오 백　개 당 수 기

於未來世　咸得成佛
어 미 래 세　함 득 성 불

我及汝等　宿世因緣
아 급 여 등　숙 세 인 연

吾今當說　汝等善聽
오 금 당 설　여 등 선 청

化城喩品 第七
화 성 유 품 제 칠

佛告諸比丘 乃往過去 無量
불 고 제 비 구 내 왕 과 거 무 량

無邊 不可思議 阿僧祇劫
무 변 불 가 사 의 아 승 기 겁

爾時 有佛 名大通智勝如來
이 시 유 불 명 대 통 지 승 여 래

應供 正遍知 明行足 善逝
응 공 정 변 지 명 행 족 선 서

世間解 無上士 調御丈夫
세 간 해 무 상 사 조 어 장 부

天人師 佛世尊 其國名好成
천 인 사 불 세 존 기 국 명 호 성

劫名大相 諸比丘 彼佛滅度
겁 명 대 상 제 비 구 피 불 멸 도

已來 甚大久遠 譬如三千大
이래 심대구원 비여삼천대

千世界 所有地種 假使有人
천세계 소유지종 가사유인

磨以爲墨 過於東方 千國土
마이위묵 과어동방 천국토

乃下一點 大如微塵 又過
내하일점 대여미진 우과

千國土 復下一點 如是展轉
천국토 부하일점 여시전전

盡地種墨 於汝等意云何 是
진지종묵 어여등의운하 시

諸國土 若算師 若算師弟子
제국토 약산사 약산사제자

能得邊際 知其數不 不也世
능득변제 지기수부 불야세

尊 諸比丘 是人所經國土
존 제비구 시인소경국토

若點不點 盡末爲塵 一塵一
약점부점 진말위진 일진일

劫 彼佛 滅度已來 復過是
겁 피불 멸도이래 부과시

數 無量無邊 百千萬億 阿
수 무량무변 백천만억 아

僧祇劫 我以如來知見力 故
승기겁 아이여래지견력 고

觀彼久遠 猶若今日 爾時
관피구원 유약금일 이시

世尊 欲重宣此義 而說偈言
세존 욕중선차의 이설게언

我念過去世 無量無邊劫
아념과거세 무량무변겁

有佛兩足尊 名大通智勝
유불양족존 명대통지승

如人以力磨 三千大千土
여인이력마 삼천대천토

盡此諸地種 皆悉以爲墨
진차제지종 개실이위묵

過於千國土 乃下一塵點
과어천국토 내하일진점

如是展轉點 盡此諸塵墨
여 시 전 전 점 　진 차 제 진 묵

如是諸國土 點與不點等
여 시 제 국 토 　점 여 부 점 등

復盡末爲塵 一塵爲一劫
부 진 말 위 진 　일 진 위 일 겁

此諸微塵數 其劫復過是
차 제 미 진 수 　기 겁 부 과 시

彼佛滅度來 如是無量劫
피 불 멸 도 래 　여 시 무 량 겁

如來無礙智 知彼佛滅度
여 래 무 애 지 　지 피 불 멸 도

及聲聞菩薩 如見今滅度
급 성 문 보 살 　여 견 금 멸 도

諸比丘當知 佛智淨微妙
제 비 구 당 지 　불 지 정 미 묘

無漏無所礙 通達無量劫
무 루 무 소 애 　통 달 무 량 겁

佛告諸比丘 大通智勝佛壽
불 고 제 비 구 　대 통 지 승 불 수

五百四十萬億 那由他劫 其
오 백 사 십 만 억　나 유 타 겁　기

佛 本坐道場 破魔軍已 垂
불　본 좌 도 량　파 마 군 이　수

得阿耨多羅三藐三菩提 而
득 아 녹 다 라 삼 먁 삼 보 리　이

諸佛法 不現在前 如是一
제 불 법　불 현 재 전　여 시 일

小劫 乃至十小劫 結跏趺
소 겁　내 지 십 소 겁　결 가 부

坐 身心不動 而諸佛法 猶
좌　신 심 부 동　이 제 불 법　유

不在前 爾時 忉利諸天 先
부 재 전　이 시　도 리 제 천　선

爲彼佛 於菩提樹下 敷師子
위 피 불　어 보 리 수 하　부 사 자

座 高一由旬 佛於此座 當
좌　고 일 유 순　불 어 차 좌　당

得阿耨多羅三藐三菩提 適
득 아 녹 다 라 삼 먁 삼 보 리　적

坐此座 時諸梵天王 雨眾天
좌차좌 시제범천왕 우중천

華 面百由旬 香風時來 吹
화 면백유순 향풍시래 취

去萎華 更雨新者 如是不絕
거위화 갱우신자 여시부절

滿十小劫 供養於佛 乃至滅
만 십 소 겁 공양어불 내지멸

度 常雨此華 四王諸天 爲
도 상우차화 사왕제천 위

供養佛 常擊天鼓 其餘諸天
공양불 상격천고 기여제천

作天伎樂 滿十小劫 至于滅
작천기악 만십소겁 지우멸

度 亦復如是 諸比丘 大通
도 역부여시 제비구 대통

智勝佛 過十小劫 諸佛之法
지승불 과십소겁 제불지법

乃現在前 成阿耨多羅三藐
내현재전 성아뇩다라삼먁

三菩提 其佛 未出家時 有
삼 보 리　기 불　미 출 가 시　유

十六子 其第一者 名曰智積
십 육 자　기 제 일 자　명 왈 지 적

諸子各有 種種珍異 玩好之
제 자 각 유　종 종 진 이　완 호 지

具 聞父得成 阿耨多羅三
구　문 부 득 성　아 뇩 다 라 삼

藐三菩提 皆捨所珍 往詣佛
먁 삼 보 리　개 사 소 진　왕 예 불

所 諸母涕泣 而隨送之 其
소　제 모 체 읍　이 수 송 지　기

祖轉輪聖王 與一百大臣 及
조 전 륜 성 왕　여 일 백 대 신　급

餘百千萬億人民 皆共圍繞
여 백 천 만 억 인 민　개 공 위 요

隨至道場 咸欲親近 大通智
수 지 도 량　함 욕 친 근　대 통 지

勝如來 供養恭敬 尊重讚歎
승 여 래　공 양 공 경　존 중 찬 탄

到已　頭面禮足　繞佛畢已
도이　두면예족　요불필이

一心合掌　瞻仰世尊　以偈頌
일심합장　첨앙세존　이게송

曰
왈

大威德世尊　爲度衆生故
대위덕세존　위도중생고

於無量億劫　爾乃得成佛
어무량억겁　이내득성불

諸願已具足　善哉吉無上
제원이구족　선재길무상

世尊甚希有　一坐十小劫
세존심희유　일좌십소겁

身體及手足　靜然安不動
신체급수족　정연안부동

其心常惔怕　未曾有散亂
기심상담박　미증유산란

究竟永寂滅　安住無漏法
구경영적멸　안주무루법

今者見世尊 安隱成佛道
금 자 견 세 존　안 은 성 불 도

我等得善利 稱慶大歡喜
아 등 득 선 리　칭 경 대 환 희

衆生常苦惱 盲瞑無導師
중 생 상 고 뇌　맹 명 무 도 사

不識苦盡道 不知求解脫
불 식 고 진 도　부 지 구 해 탈

長夜增惡趣 減損諸天衆
장 야 증 악 취　감 손 제 천 중

從冥入於冥 永不聞佛名
종 명 입 어 명　영 불 문 불 명

今佛得最上 安隱無漏道
금 불 득 최 상　안 은 무 루 도

我等及天人 爲得最大利
아 등 급 천 인　위 득 최 대 리

是故咸稽首 歸命無上尊
시 고 함 계 수　귀 명 무 상 존

爾時 十六王子 偈讚佛己
이 시　십 육 왕 자　게 찬 불 이

勸請世尊 轉於法輪 咸作是
권 청 세 존　전 어 법 륜　함 작 시

言 世尊說法 多所安隱 憐
언　세 존 설 법　다 소 안 은　연

愍饒益 諸天人民 重說偈言
민 요 익　제 천 인 민　중 설 게 언

世雄無等倫 百福自莊嚴
세 웅 무 등 륜　백 복 자 장 엄

得無上智慧 願爲世間說
득 무 상 지 혜　원 위 세 간 설

度脫於我等 及諸衆生類
도 탈 어 아 등　급 제 중 생 류

爲分別顯示 令得是智慧
위 분 별 현 시　영 득 시 지 혜

若我等得佛 衆生亦復然
약 아 등 득 불　중 생 역 부 연

世尊知衆生 深心之所念
세 존 지 중 생　심 심 지 소 념

亦知所行道 又知智慧力
역 지 소 행 도　우 지 지 혜 력

欲樂及修福 宿命所行業
욕락급수복 숙명소행업

世尊悉知已 當轉無上輪
세존실지이 당전무상륜

佛告諸比丘 大通智勝佛得
불고제비구 대통지승불득

阿耨多羅三藐三菩提時 十
아뇩다라삼먁삼보리시 시

方 各五百萬億 諸佛世界
방 각오백만억 제불세계

六種震動 其國中間 幽冥之
육종진동 기국중간 유명지

處 日月威光 所不能照 而
처 일월위광 소불능조 이

皆大明 其中衆生 各得相
개대명 기중중생 각득상

見 咸作是言 此中云何忽
견 함작시언 차중운하 홀

生衆生 又其國界 諸天宮殿
생중생 우기국계 제천궁전

乃至梵宮 六種震動 大光普
내 지 범 궁　육 종 진 동　대 광 보

照 遍滿世界 勝諸天光 爾
조　변 만 세 계　승 제 천 광　이

時 東方 五百萬億 諸國土
시　동 방　오 백 만 억　제 국 토

中 梵天宮殿 光明照曜 倍
중　범 천 궁 전　광 명 조 요　배

於常明 諸梵天王 各作是念
어 상 명　제 범 천 왕　각 작 시 념

今者宮殿光明 昔所未有 以
금 자 궁 전 광 명　석 소 미 유　이

何因緣 而現此相 是時 諸
하 인 연　이 현 차 상　시 시　제

梵天王 卽各相詣 共議此事
범 천 왕　즉 각 상 예　공 의 차 사

時彼眾中 有一大梵天王 名
시 피 중 중　유 일 대 범 천 왕　명

救一切 爲諸梵眾 而說偈言
구 일 체　위 제 범 중　이 설 게 언

我等諸宮殿 光明昔未有
아 등 제 궁 전　광 명 석 미 유

此是何因緣 宜各共求之
차 시 하 인 연　의 각 공 구 지

爲大德天生 爲佛出世間
위 대 덕 천 생　위 불 출 세 간

而此大光明 遍照於十方
이 차 대 광 명　변 조 어 시 방

爾時 五百萬億國土 諸梵天
이 시　오 백 만 억 국 토　제 범 천

王 與宮殿俱 各以衣裓 盛
왕　여 궁 전 구　각 이 의 극　성

諸天華 共詣西方 推尋是相
제 천 화　공 예 서 방　추 심 시 상

見大通智勝如來 處于道場
견 대 통 지 승 여 래　처 우 도 량

菩提樹下 坐師子座 諸天龍
보 리 수 하　좌 사 자 좌　제 천 룡

王 乾闥婆 緊那羅 摩睺羅
왕　건 달 바　긴 나 라　마 후 라

伽 人非人等 恭敬圍繞 及
가 인비인등 공경위요 급

見十六王子 請佛轉法輪 卽
견십육왕자 청불전법륜 즉

時 諸梵天王 頭面禮佛 繞
시 제범천왕 두면예불 요

百千匝 卽以天華 而散佛上
백천잡 즉이천화 이산불상

其所散華 如須彌山 幷以供
기 소 산 화 여 수 미 산 병 이 공

養 佛菩提樹 其菩提樹 高
양 불보리수 기보리수 고

十由旬 華供養已 各以宮殿
십 유 순 화공양이 각 이 궁 전

奉上彼佛 而作是言 唯見哀
봉상피불 이작시언 유견애

愍 饒益我等 所獻宮殿 願
민 요익아등 소헌궁전 원

垂納受 時諸梵天王 卽於佛
수 납 수 시제범천왕 즉 어 불

前 一心同聲 以偈頌曰
전 일심동성 이게송왈

世尊甚希有 難可得値遇
세존심희유 난가득치우

具無量功德 能救護一切
구무량공덕 능구호일체

天人之大師 哀愍於世間
천인지대사 애민어세간

十方諸衆生 普皆蒙饒益
시방제중생 보개몽요익

我等所從來 五百萬億國
아등소종래 오백만억국

捨深禪定樂 爲供養佛故
사심선정락 위공양불고

我等先世福 宮殿甚嚴飾
아등선세복 궁전심엄식

今以奉世尊 唯願哀納受
금이봉세존 유원애납수

爾時 諸梵天王 偈讚佛已
이시 제범천왕 게찬불이

各作是言 唯願世尊 轉於法
각 작 시 언 유 원 세 존 전 어 법

輪 度脫衆生 開涅槃道 時
륜 도 탈 중 생 개 열 반 도 시

諸梵天王 一心同聲 而說偈
제 범 천 왕 일 심 동 성 이 설 게

言
언

世雄兩足尊 唯願演說法
세 웅 양 족 존 유 원 연 설 법

以大慈悲力 度苦惱衆生
이 대 자 비 력 도 고 뇌 중 생

爾時 大通智勝如來 默然許
이 시 대 통 지 승 여 래 묵 연 허

之 又諸比丘 東南方 五百
지 우 제 비 구 동 남 방 오 백

萬億國土 諸大梵王 各自見
만 억 국 토 제 대 범 왕 각 자 견

宮殿 光明照曜 昔所未有
궁 전 광 명 조 요 석 소 미 유

歡喜踊躍 生希有心 即各相
환 희 용 약　생 희 유 심　즉 각 상

詣 共議此事 時彼衆中 有
예　공 의 차 사　시 피 중 중　유

一大梵天王 名曰大悲 爲諸
일 대 범 천 왕　명 왈 대 비　위 제

梵衆 而說偈言
범 중　이 설 게 언

是事何因緣 而現如此相
시 사 하 인 연　이 현 여 차 상

我等諸宮殿 光明昔未有
아 등 제 궁 전　광 명 석 미 유

爲大德天生 爲佛出世間
위 대 덕 천 생　위 불 출 세 간

未曾見此相 當共一心求
미 증 견 차 상　당 공 일 심 구

過千萬億土 尋光共推之
과 천 만 억 토　심 광 공 추 지

多是佛出世 度脫苦衆生
다 시 불 출 세　도 탈 고 중 생

爾時 五百萬億 諸梵天王
이시 오백만억 제범천왕

與宮殿俱 各以衣裓 盛諸天
여궁전구 각이의극 성제천

華 共詣西北方 推尋是相
화 공예서북방 추심시상

見大通智勝如來 處于道場
견대통지승여래 처우도량

菩提樹下 坐師子座 諸天龍
보리수하 좌사자좌 제천룡

王 乾闥婆 緊那羅 摩睺羅
왕 건달바 긴나라 마후라

伽 人非人等 恭敬圍繞 及
가 인비인등 공경위요 급

見十六王子 請佛轉法輪 時
견십육왕자 청불전법륜 시

諸梵天王 頭面禮佛 繞百千
제범천왕 두면예불 요백천

匝 即以天華 而散佛上 所
잡 즉이천화 이산불상 소

散之華 如須彌山 幷以供養
산 지 화　여 수 미 산　병 이 공 양

佛菩提樹 華供養已 各以宮
불 보 리 수　화 공 양 이　각 이 궁

殿 奉上彼佛 而作是言 唯
전　봉 상 피 불　이 작 시 언　유

見哀愍 饒益我等 所獻宮殿
견 애 민　요 익 아 등　소 헌 궁 전

願垂納受 爾時 諸梵天王
원 수 납 수　이 시　제 범 천 왕

卽於佛前 一心同聲 以偈頌
즉 어 불 전　일 심 동 성　이 게 송

曰
왈

聖主天中王 迦陵頻伽聲
성 주 천 중 왕　가 릉 빈 가 성

哀愍衆生者 我等今敬禮
애 민 중 생 자　아 등 금 경 례

世尊甚希有 久遠乃一現
세 존 심 희 유　구 원 내 일 현

一百八十劫 空過無有佛
일 백 팔 십 겁　공 과 무 유 불

三惡道充滿 諸天衆減少
삼 악 도 충 만　제 천 중 감 소

今佛出於世 爲衆生作眼
금 불 출 어 세　위 중 생 작 안

世間所歸趣 救護於一切
세 간 소 귀 취　구 호 어 일 체

爲衆生之父 哀愍饒益者
위 중 생 지 부　애 민 요 익 자

我等宿福慶 今得値世尊
아 등 숙 복 경　금 득 치 세 존

爾時 諸梵天王 偈讚佛已
이 시　제 범 천 왕　게 찬 불 이

各作是言 唯願世尊 哀愍一
각 작 시 언　유 원 세 존　애 민 일

切 轉於法輪 度脫衆生 時
체　전 어 법 륜　도 탈 중 생　시

諸梵天王 一心同聲 而說偈
제 범 천 왕　일 심 동 성　이 설 게

言
언

大聖轉法輪 顯示諸法相
대 성 전 법 륜　현 시 제 법 상

度苦惱衆生 令得大歡喜
도 고 뇌 중 생　영 득 대 환 희

衆生聞此法 得道若生天
중 생 문 차 법　득 도 약 생 천

諸惡道減少 忍善者增益
제 악 도 감 소　인 선 자 증 익

爾時 大通智勝如來 默然許
이 시　대 통 지 승 여 래　묵 연 허

之 又諸比丘 南方 五百萬
지　우 제 비 구　남 방　오 백 만

億國土 諸大梵王 各自見宮
억 국 토　제 대 범 왕　각 자 견 궁

殿 光明照曜 昔所未有 歡
전　광 명 조 요　석 소 미 유　환

喜踊躍 生希有心 即各相詣
희 용 약　생 희 유 심　즉 각 상 예

共議此事 以何因緣 我等宮
공 의 차 사 이 하 인 연 아 등 궁

殿 有此光曜 時彼衆中 有
전 유 차 광 요 시 피 중 중 유

一大梵天王 名曰妙法 爲諸
일 대 범 천 왕 명 왈 묘 법 위 제

梵衆 而說偈言
범 중 이 설 게 언

我等諸宮殿 光明甚威曜
아 등 제 궁 전 광 명 심 위 요

此非無因緣 是相宜求之
차 비 무 인 연 시 상 의 구 지

過於百千劫 未曾見是相
과 어 백 천 겁 미 증 견 시 상

爲大德天生 爲佛出世間
위 대 덕 천 생 위 불 출 세 간

爾時 五百萬億國土 諸梵天
이 시 오 백 만 억 국 토 제 범 천

王 與宮殿俱 各以衣裓 盛
왕 여 궁 전 구 각 이 의 극 성

諸天華 共詣北方 推尋是相
제천화 공예북방 추심시상

見大通智勝如來 處于道場
견대통지승여래 처우도량

菩提樹下 坐師子座 諸天龍
보리수하 좌사자좌 제천룡

王 乾闥婆 緊那羅 摩睺羅
왕 건달바 긴나라 마후라

伽 人非人等 恭敬圍繞 及
가 인비인등 공경위요 급

見十六王子 請佛轉法輪 時
견십육왕자 청불전법륜 시

諸梵天王 頭面禮佛 繞百千
제범천왕 두면예불 요백천

匝 卽以天華 而散佛上 所
잡 즉이천화 이산불상 소

散之華 如須彌山 幷以供養
산지화 여수미산 병이공양

佛菩提樹 華供養已 各以宮
불보리수 화공양이 각이궁

殿 奉上彼佛 而作是言 唯
전 봉상피불 이작시언 유

見哀愍 饒益我等 所獻宮殿
견애민 요익아등 소헌궁전

願垂納受 爾時 諸梵天王
원수납수 이시 제범천왕

卽於佛前 一心同聲 以偈頌
즉어불전 일심동성 이게송

曰
왈

世尊甚難見 破諸煩惱者
세존심난견 파제번뇌자

過百三十劫 今乃得一見
과백삼십겁 금내득일견

諸飢渴衆生 以法雨充滿
제기갈중생 이법우충만

昔所未曾見 無量智慧者
석소미증견 무량지혜자

如優曇鉢花 今日乃値遇
여우담발화 금일내치우

我等諸宮殿 蒙光故嚴飾
아 등 제 궁 전　몽 광 고 엄 식

世尊大慈悲 唯願垂納受
세 존 대 자 비　유 원 수 납 수

爾時 諸梵天王 偈讚佛已
이 시　제 범 천 왕　게 찬 불 이

各作是言 唯願世尊 轉於法
각 작 시 언　유 원 세 존　전 어 법

輪 令一切世間 諸天魔梵
륜　영 일 체 세 간　제 천 마 범

沙門婆羅門 皆獲安隱 而得
사 문 바 라 문　개 획 안 은　이 득

度脫 時諸梵天王 一心同聲
도 탈　시 제 범 천 왕　일 심 동 성

以偈頌曰
이 게 송 왈

唯願天人尊 轉無上法輪
유 원 천 인 존　전 무 상 법 륜

擊于大法鼓 而吹大法螺
격 우 대 법 고　이 취 대 법 라

普雨大法雨 度無量衆生
보 우 대 법 우　도 무 량 중 생

我等咸歸請 當演深遠音
아 등 함 귀 청　당 연 심 원 음

爾時 大通智勝如來 默然許
이 시　대 통 지 승 여 래　묵 연 허

之 西南方 乃至下方 亦復
지　서 남 방　내 지 하 방　역 부

如是 爾時 上方 五百萬億
여 시　이 시　상 방　오 백 만 억

國土 諸大梵王 皆悉自覩
국 토　제 대 범 왕　개 실 자 도

所止宮殿 光明威曜 昔所未
소 지 궁 전　광 명 위 요　석 소 미

有 歡喜踊躍 生希有心 即
유　환 희 용 약　생 희 유 심　즉

各相詣 共議此事 以何因緣
각 상 예　공 의 차 사　이 하 인 연

我等宮殿 有斯光明 時彼衆
아 등 궁 전　유 사 광 명　시 피 중

中有一大梵天王 名曰尸棄
중유일대범천왕 명왈시기

爲諸梵衆 而說偈言
위제범중 이설게언

今以何因緣 我等諸宮殿
금이하인연 아등제궁전

威德光明曜 嚴飾未曾有
위덕광명요 엄식미증유

如是之妙相 昔所未聞見
여시지묘상 석소미문견

爲大德天生 爲佛出世間
위대덕천생 위불출세간

爾時 五百萬億 諸梵天王
이시 오백만억 제범천왕

與宮殿俱 各以衣祴 盛諸天
여궁전구 각이의극 성제천

華 共詣下方 推尋是相 見
화 공예하방 추심시상 견

大通智勝如來 處于道場 菩
대통지승여래 처우도량 보

提樹下 坐師子座 諸天龍王
리 수 하 좌 사 자 좌 제 천 룡 왕

乾闥婆 緊那羅 摩睺羅伽
건 달 바 긴 나 라 마 후 라 가

人非人等 恭敬圍繞 及見
인 비 인 등 공 경 위 요 급 견

十六王子 請佛轉法輪 時諸
십 육 왕 자 청 불 전 법 륜 시 제

梵天王 頭面禮佛 繞百千匝
범 천 왕 두 면 예 불 요 백 천 잡

卽以天華 而散佛上 所散之
즉 이 천 화 이 산 불 상 소 산 지

花 如須彌山 幷以供養 佛
화 여 수 미 산 병 이 공 양 불

菩提樹 花供養已 各以宮殿
보 리 수 화 공 양 이 각 이 궁 전

奉上彼佛 而作是言 唯見哀
봉 상 피 불 이 작 시 언 유 견 애

愍 饒益我等 所獻宮殿 願
민 요 익 아 등 소 헌 궁 전 원

垂納受 時諸梵天王 卽於佛
수납수 시제범천왕 즉어불

前 一心同聲 以偈頌曰
전 일심동성 이게송왈

善哉見諸佛 救世之聖尊
선재견제불 구세지성존

能於三界獄 勉出諸衆生
능어삼계옥 면출제중생

普智天人尊 哀愍群萌類
보지천인존 애민군맹류

能開甘露門 廣度於一切
능개감로문 광도어일체

於昔無量劫 空過無有佛
어석무량겁 공과무유불

世尊未出時 十方常暗冥
세존미출시 시방상암명

三惡道增長 阿修羅亦盛
삼악도증장 아수라역성

諸天衆轉減 死多墮惡道
제천중전감 사다타악도

不從佛聞法　常行不善事
부 종 불 문 법　상 행 불 선 사

色力及智慧　斯等皆減少
색 력 급 지 혜　사 등 개 감 소

罪業因緣故　失樂及樂想
죄 업 인 연 고　실 락 급 락 상

住於邪見法　不識善儀則
주 어 사 견 법　불 식 선 의 칙

不蒙佛所化　常墮於惡道
불 몽 불 소 화　상 타 어 악 도

佛爲世間眼　久遠時乃出
불 위 세 간 안　구 원 시 내 출

哀愍諸衆生　故現於世間
애 민 제 중 생　고 현 어 세 간

超出成正覺　我等甚欣慶
초 출 성 정 각　아 등 심 흔 경

及餘一切衆　喜歎未曾有
급 여 일 체 중　희 탄 미 증 유

我等諸宮殿　蒙光故嚴飾
아 등 제 궁 전　몽 광 고 엄 식

今以奉世尊 唯垂哀納受
금 이 봉 세 존 유 수 애 납 수

願以此功德 普及於一切
원 이 차 공 덕 보 급 어 일 체

我等與衆生 皆共成佛道
아 등 여 중 생 개 공 성 불 도

爾時 五百萬億 諸梵天王
이 시 오 백 만 억 제 범 천 왕

偈讚佛已 各白佛言 唯願世
게 찬 불 이 각 백 불 언 유 원 세

尊 轉於法輪 多所安隱 多
존 전 어 법 륜 다 소 안 은 다

所度脫 時諸梵天王 而說偈
소 도 탈 시 제 범 천 왕 이 설 게

言
언

世尊轉法輪 擊甘露法鼓
세 존 전 법 륜 격 감 로 법 고

度苦惱衆生 開示涅槃道
도 고 뇌 중 생 개 시 열 반 도

唯願受我請 以大微妙音
유 원 수 아 청　이 대 미 묘 음

哀愍而敷演 無量劫習法
애 민 이 부 연　무 량 겁 습 법

爾時 大通智勝如來 受十方
이 시　대 통 지 승 여 래　수 시 방

諸梵天王 及十六王子請 卽
제 범 천 왕　급 십 육 왕 자 청　즉

時三轉 十二行法輪 若沙門
시 삼 전　십 이 행 법 륜　약 사 문

婆羅門 若天魔梵 及餘世
바 라 문　약 천 마 범　급 여 세

間 所不能轉 謂是苦 是苦
간　소 불 능 전　위 시 고　시 고

集 是苦滅 是苦滅道 及廣
집　시 고 멸　시 고 멸 도　급 광

說十二因緣法 無明緣行 行
설 십 이 인 연 법　무 명 연 행　행

緣識 識緣名色 名色緣六
연 식　식 연 명 색　명 색 연 육

入 六入緣觸 觸緣受 受緣
입 육입연촉 촉연수 수연

愛 愛緣取 取緣有 有緣生
애 애연취 취연유 유연생

生緣老死 憂悲苦惱 無明滅
생연노사 우비고뇌 무명멸

則行滅 行滅則識滅 識滅則
즉행멸 행멸즉식멸 식멸즉

名色滅 名色滅則六入滅 六
명색멸 명색멸즉육입멸 육

入滅則觸滅 觸滅則受滅 受
입멸즉촉멸 촉멸즉수멸 수

滅則愛滅 愛滅則取滅 取滅
멸즉애멸 애멸즉취멸 취멸

則有滅 有滅則生滅 生滅則
즉유멸 유멸즉생멸 생멸즉

老死憂悲苦惱滅 佛於天人
노사우비고뇌멸 불어천인

大衆之中 說是法時 六百萬
대중지중 설시법시 육백만

億 那由他人 以不受一切法
억 나유타인 이불수일체법
故 而於諸漏 心得解脫 皆
고 이어제루 심득해탈 개
得深妙禪定 三明六通 具八
득심묘선정 삼명육통 구팔
解脫 第二第三 第四說法
해탈 제이제삼 제사설법
時 千萬億恒河沙 那由他等
시 천만억항하사 나유타등
眾生 亦以不受一切法故 而
중생 역이불수일체법고 이
於諸漏 心得解脫 從是已
어제루 심득해탈 종시이
後 諸聲聞眾 無量無邊 不
후 제성문중 무량무변 불
可稱數 爾時 十六王子 皆
가칭수 이시 십육왕자 개
以童子出家 而爲沙彌 諸根
이동자출가 이위사미 제근

通利 智慧明了 已曾供養
통리 지혜명료 이증공양

百千萬億諸佛 淨修梵行 求
백 천 만 억 제 불 정 수 범 행 구

阿耨多羅三藐三菩提 俱白
아 녹 다 라 삼 먁 삼 보 리 구 백

佛言 世尊 是諸無量千萬
불 언 세 존 시 제 무 량 천 만

億 大德聲聞 皆已成就 世
억 대 덕 성 문 개 이 성 취 세

尊 亦當爲我等 說阿耨多羅
존 역 당 위 아 등 설 아 녹 다 라

三藐三菩提法 我等聞已 皆
삼 먁 삼 보 리 법 아 등 문 이 개

共修學 世尊 我等志願 如
공 수 학 세 존 아 등 지 원 여

來知見 深心所念 佛自證
래 지 견 심 심 소 념 불 자 증

知 爾時 轉輪聖王 所將衆
지 이 시 전 륜 성 왕 소 장 중

中 八萬億人 見十六王子出
중 팔만억인 견십육왕자출

家 亦求出家 王卽聽許 爾
가 역구출가 왕즉청허 이

時 彼佛 受沙彌請 過二萬
시 피불 수사미청 과이만

劫已 乃於四衆之中 說是大
겁이 내어사중지중 설시대

乘經 名妙法蓮華 敎菩薩法
승경 명묘법연화 교보살법

佛所護念 說是經已 十六沙
불소호념 설시경이 십육사

彌 爲阿耨多羅三藐三菩提
미 위아뇩다라삼먁삼보리

故 皆共受持 諷誦通利 說
고 개공수지 풍송통리 설

是經時 十六菩薩沙彌 皆悉
시경시 십육보살사미 개실

信受 聲聞衆中 亦有信解
신수 성문중중 역유신해

제7 화성유품

其餘衆生 千萬億種 皆生疑
기 여 중 생　천 만 억 종　개 생 의

惑 佛說是經 於八千劫 未
혹　불 설 시 경　어 팔 천 겁　미

曾休廢 說此經已 卽入靜室
증 휴 폐　설 차 경 이　즉 입 정 실

住於禪定 八萬四千劫 是
주 어 선 정　팔 만 사 천 겁　시

時 十六菩薩沙彌 知佛入
시　십 육 보 살 사 미　지 불 입

室 寂然禪定 各昇法座 亦
실　적 연 선 정　각 승 법 좌　역

於八萬四千劫 爲四部衆 廣
어 팔 만 사 천 겁　위 사 부 중　광

說分別 妙法華經 一一皆度
설 분 별　묘 법 화 경　일 일 개 도

六百萬億 那由他 恒河沙等
육 백 만 억　나 유 타　항 하 사 등

衆生 示敎利喜 令發阿耨多
중 생　시 교 리 희　영 발 아 뇩 다

羅三藐三菩提心 大通智勝
라 삼 먁 삼 보 리 심 대 통 지 승

佛 過八萬四千劫已 從三昧
불 과 팔 만 사 천 겁 이 종 삼 매

起 往詣法座 安詳而坐 普
기 왕 예 법 좌 안 상 이 좌 보

告大衆 是十六菩薩沙彌 甚
고 대 중 시 십 육 보 살 사 미 심

爲希有 諸根通利 智慧明了
위 희 유 제 근 통 리 지 혜 명 료

已曾供養 無量千萬億數諸
이 증 공 양 무 량 천 만 억 수 제

佛 於諸佛所 常修梵行 受
불 어 제 불 소 상 수 범 행 수

持佛智 開示衆生 令入其中
지 불 지 개 시 중 생 영 입 기 중

汝等 皆當數數親近 而供養
여 등 개 당 삭 삭 친 근 이 공 양

之 所以者何 若聲聞辟支佛
지 소 이 자 하 약 성 문 벽 지 불

及諸菩薩 能信是十六菩薩
급 제 보 살　능 신 시 십 육 보 살

所說經法 受持不毀者 是人
소 설 경 법　수 지 불 훼 자　시 인

皆當得 阿耨多羅三藐三菩
개 당 득　아 뇩 다 라 삼 먁 삼 보

提 如來之慧 佛告諸比丘
리　여 래 지 혜　불 고 제 비 구

是十六菩薩 常樂說是 妙法
시 십 육 보 살　상 락 설 시　묘 법

蓮華經 一一菩薩所化 六百
연 화 경　일 일 보 살 소 화　육 백

萬億 那由他 恒河沙等衆生
만 억　나 유 타　항 하 사 등 중 생

世世所生 與菩薩俱 從其聞
세 세 소 생　여 보 살 구　종 기 문

法 悉皆信解 以此因緣 得
법　실 개 신 해　이 차 인 연　득

值四萬億 諸佛世尊 于今不
치 사 만 억　제 불 세 존　우 금 부

盡 諸比丘 我今語汝 彼佛
진 제비구 아금어여 피불

弟子 十六沙彌 今皆得阿耨
제자 십육사미 금개득아뇩

多羅三藐三菩提 於十方國
다라삼먁삼보리 어시방국

土 現在說法 有無量百千萬
토 현재설법 유무량백천만

億 菩薩聲聞 以爲眷屬 其
억 보살성문 이위권속 기

二沙彌 東方作佛 一名阿閦
이사미 동방작불 일명아촉

在歡喜國 二名須彌頂 東南
재환희국 이명수미정 동남

方二佛 一名師子音 二名師
방이불 일명사자음 이명사

子相 南方二佛 一名虛空住
자상 남방이불 일명허공주

二名常滅 西南方二佛 一名
이명상멸 서남방이불 일명

帝相 二名梵相 西方二佛
제 상 이 명 범 상   서 방 이 불

一名阿彌陀 二名度一切世
일 명 아 미 타   이 명 도 일 체 세

間苦惱 西北方二佛 一名多
간 고 뇌 서 북 방 이 불   일 명 다

摩羅跋栴檀香神通 二名須
마 라 발 전 단 향 신 통   이 명 수

彌相 北方二佛 一名雲自在
미 상 북 방 이 불   일 명 운 자 재

二名雲自在王 東北方佛 名
이 명 운 자 재 왕   동 북 방 불 명

壞一切世間怖畏 第十六 我
괴 일 체 세 간 포 외   제 십 육 아

釋迦牟尼佛 於娑婆國土 成
석 가 모 니 불   어 사 바 국 토 성

阿耨多羅三藐三菩提 諸比
아 뇩 다 라 삼 먁 삼 보 리   제 비

丘 我等爲沙彌時 各各教化
구 아 등 위 사 미 시   각 각 교 화

無量百千萬億 恒河沙等衆
무 량 백 천 만 억 항 하 사 등 중

生 從我聞法 爲阿耨多羅三
생 종 아 문 법 위 아 뇩 다 라 삼

藐三菩提 此諸衆生 于今有
먁 삼 보 리 차 제 중 생 우 금 유

住 聲聞地者 我常敎化 阿
주 성 문 지 자 아 상 교 화 아

耨多羅三藐三菩提 是諸人
뇩 다 라 삼 먁 삼 보 리 시 제 인

等 應以是法 漸入佛道 所
등 응 이 시 법 점 입 불 도 소

以者何 如來智慧 難信難解
이 자 하 여 래 지 혜 난 신 난 해

爾時 所化無量恒河沙等 衆
이 시 소 화 무 량 항 하 사 등 중

生者 汝等諸比丘 及我滅度
생 자 여 등 제 비 구 급 아 멸 도

後 未來世中 聲聞弟子是也
후 미 래 세 중 성 문 제 자 시 야

我滅度後 復有弟子 不聞是
아 멸 도 후 부 유 제 자 불 문 시

經 不知不覺 菩薩所行 自
경 부 지 불 각 보 살 소 행 자

於所得功德 生滅度想 當入
어 소 득 공 덕 생 멸 도 상 당 입

涅槃 我於餘國作佛 更有異
열 반 아 어 여 국 작 불 갱 유 이

名 是人 雖生滅度之想 入
명 시 인 수 생 멸 도 지 상 입

於涅槃 而於彼土 求佛智慧
어 열 반 이 어 피 토 구 불 지 혜

得聞是經 唯以佛乘 而得滅
득 문 시 경 유 이 불 승 이 득 멸

度 更無餘乘 除諸如來 方
도 갱 무 여 승 제 제 여 래 방

便說法 諸比丘 若如來自知
편 설 법 제 비 구 약 여 래 자 지

涅槃時到 衆又淸淨 信解堅
열 반 시 도 중 우 청 정 신 해 견

固 了達空法 深入禪定 便
고 요달공법 심입선정 변

集諸菩薩 及聲聞衆 爲說是
집제보살 급성문중 위설시

經 世間無有二乘 而得滅度
경 세간무유이승 이득멸도

唯一佛乘 得滅度耳 比丘當
유일불승 득멸도이 비구당

知 如來方便 深入衆生之性
지 여래방편 심입중생지성

知其志樂小法 深著五欲 爲
지기지락소법 심착오욕 위

是等故 說於涅槃 是人若聞
시등고 설어열반 시인약문

則便信受 譬如五百由旬 險
즉변신수 비여오백유순 험

難惡道 曠絕無人 怖畏之處
난악도 광절무인 포외지처

若有多衆 欲過此道 至珍寶
약유다중 욕과차도 지진보

| 處 | 有一導師 | 聰慧明達 | 善 |
| 처 | 유 일 도 사 | 총 혜 명 달 | 선 |

知險道　通塞之相　將導衆人
지 험 도　통 색 지 상　장 도 중 인

欲過此難　所將人衆　中路懈
욕 과 차 난　소 장 인 중　중 로 해

退　白導師言　我等疲極　而
퇴　백 도 사 언　아 등 피 극　이

復怖畏　不能復進　前路猶遠
부 포 외　불 능 부 진　전 로 유 원

今欲退還　導師　多諸方便
금 욕 퇴 환　도 사　다 제 방 편

而作是念　此等可愍　云何捨
이 작 시 념　차 등 가 민　운 하 사

大珍寶　而欲退還　作是念
대 진 보　이 욕 퇴 환　작 시 념

已　以方便力　於險道中　過
이　이 방 편 력　어 험 도 중　과

三百由旬　化作一城　告衆人
삼 백 유 순　화 작 일 성　고 중 인

言	汝	等	勿	怖	莫	得	退	還	今
언	여	등	물	포	막	득	퇴	환	금
此	大	城	可	於	中	止	隨	意	所	作
차	대	성	가	어	중	지	수	의	소	작
若	入	是	城	快	得	安	隱	若	能	前
약	입	시	성	쾌	득	안	은	약	능	전
至	寶	所	亦	可	得	去	是	時	疲
지	보	소	역	가	득	거	시	시	피
極	之	衆	心	大	歡	喜	歎	未	曾	有
극	지	중	심	대	환	희	탄	미	증	유
我	等	今	者	免	斯	惡	道	快	得	安
아	등	금	자	면	사	악	도	쾌	득	안
隱	於	是	衆	人	前	入	化	城	生
은	어	시	중	인	전	입	화	성	생
已	度	想	生	安	隱	想	爾	時	導
이	도	상	생	안	은	상	이	시	도
師	知	此	人	衆	旣	得	止	息	無
사	지	차	인	중	기	득	지	식	무
復	疲	惓	卽	滅	化	城	語	衆	人
부	피	권	즉	멸	화	성	어	중	인

言 汝等去來 寶處在近 向
언 여등거래 보처재근 향

者大城 我所化作 爲止息耳
자대성 아소화작 위지식이

諸比丘 如來 亦復如是 今
제비구 여래 역부여시 금

爲汝等 作大導師 知諸生
위여등 작대도사 지제생

死 煩惱惡道 險難長遠 應
사 번뇌악도 험난장원 응

去應度 若眾生 但聞一佛乘
거응도 약중생 단문일불승

者 則不欲見佛 不欲親近
자 즉불욕견불 불욕친근

便作是念 佛道長遠 久受勤
변작시념 불도장원 구수근

苦 乃可得成 佛知是心 怯
고 내가득성 불지시심 겁

弱下劣 以方便力 而於中道
약하열 이방편력 이어중도

爲止息故 說二涅槃 若眾生
위 지 식 고　설 이 열 반　약 중 생

住於二地 如來爾時 卽便爲
주 어 이 지　여 래 이 시　즉 변 위

說 汝等所作未辦 汝所住地
설　여 등 소 작 미 판　여 소 주 지

近於佛慧 當觀察籌量 所得
근 어 불 혜　당 관 찰 주 량　소 득

涅槃 非眞實也 但是如來
열 반　비 진 실 야　단 시 여 래

方便之力 於一佛乘 分別說
방 편 지 력　어 일 불 승　분 별 설

三 如彼導師 爲止息故 化
삼　여 피 도 사　위 지 식 고　화

作大城 旣知息已 而告之言
작 대 성　기 지 식 이　이 고 지 언

寶處在近 此城非實 我化作
보 처 재 근　차 성 비 실　아 화 작

耳 爾時 世尊 欲重宣此義
이　이 시　세 존　욕 중 선 차 의

而說偈言
이 설 게 언

大通智勝佛　十劫坐道場
대 통 지 승 불　십 겁 좌 도 량

佛法不現前　不得成佛道
불 법 불 현 전　부 득 성 불 도

諸天神龍王　阿修羅衆等
제 천 신 용 왕　아 수 라 중 등

常雨於天華　以供養彼佛
상 우 어 천 화　이 공 양 피 불

諸天擊天鼓　幷作衆伎樂
제 천 격 천 고　병 작 중 기 악

香風吹萎華　更雨新好者
향 풍 취 위 화　갱 우 신 호 자

過十小劫已　乃得成佛道
과 십 소 겁 이　내 득 성 불 도

諸天及世人　心皆懷踊躍
제 천 급 세 인　심 개 회 용 약

彼佛十六子　皆與其眷屬
피 불 십 육 자　개 여 기 권 속

千萬億圍繞 俱行至佛所
천 만 억 위 요　구 행 지 불 소

頭面禮佛足 而請轉法輪
두 면 예 불 족　이 청 전 법 륜

聖師子法雨 充我及一切
성 사 자 법 우　충 아 급 일 체

世尊甚難值 久遠時一現
세 존 심 난 치　구 원 시 일 현

爲覺悟群生 震動於一切
위 각 오 군 생　진 동 어 일 체

東方諸世界 五百萬億國
동 방 제 세 계　오 백 만 억 국

梵宮殿光曜 昔所未曾有
범 궁 전 광 요　석 소 미 증 유

諸梵見此相 尋來至佛所
제 범 견 차 상　심 래 지 불 소

散花以供養 幷奉上宮殿
산 화 이 공 양　병 봉 상 궁 전

請佛轉法輪 以偈而讚歎
청 불 전 법 륜　이 게 이 찬 탄

佛知時未至　受請默然坐
불 지 시 미 지　수 청 묵 연 좌

三方及四維　上下亦復爾
삼 방 급 사 유　상 하 역 부 이

散花奉宮殿　請佛轉法輪
산 화 봉 궁 전　청 불 전 법 륜

世尊甚難値　願以大慈悲
세 존 심 난 치　원 이 대 자 비

廣開甘露門　轉無上法輪
광 개 감 로 문　전 무 상 법 륜

無量慧世尊　受彼衆人請
무 량 혜 세 존　수 피 중 인 청

爲宣種種法　四諦十二緣
위 선 종 종 법　사 제 십 이 연

無明至老死　皆從生緣有
무 명 지 노 사　개 종 생 연 유

如是衆過患　汝等應當知
여 시 중 과 환　여 등 응 당 지

宣暢是法時　六百萬億姟
선 창 시 법 시　육 백 만 억 해

得盡諸苦際 皆成阿羅漢
득 진 제 고 제 개 성 아 라 한

第二說法時 千萬恒沙衆
제 이 설 법 시 천 만 항 사 중

於諸法不受 亦得阿羅漢
어 제 법 불 수 역 득 아 라 한

從是後得道 其數無有量
종 시 후 득 도 기 수 무 유 량

萬億劫算數 不能得其邊
만 억 겁 산 수 불 능 득 기 변

時十六王子 出家作沙彌
시 십 육 왕 자 출 가 작 사 미

皆共請彼佛 演說大乘法
개 공 청 피 불 연 설 대 승 법

我等及營從 皆當成佛道
아 등 급 영 종 개 당 성 불 도

願得如世尊 慧眼第一淨
원 득 여 세 존 혜 안 제 일 정

佛知童子心 宿世之所行
불 지 동 자 심 숙 세 지 소 행

以無量因緣 이 무 량 인 연	種種諸譬喩 종 종 제 비 유
說六波羅蜜 설 육 바 라 밀	及諸神通事 급 제 신 통 사
分別眞實法 분 별 진 실 법	菩薩所行道 보 살 소 행 도
說是法華經 설 시 법 화 경	如恒河沙偈 여 항 하 사 게
彼佛說經已 피 불 설 경 이	靜室入禪定 정 실 입 선 정
一心一處坐 일 심 일 처 좌	八萬四千劫 팔 만 사 천 겁
是諸沙彌等 시 제 사 미 등	知佛禪未出 지 불 선 미 출
爲無量億衆 위 무 량 억 중	說佛無上慧 설 불 무 상 혜
各各坐法座 각 각 좌 법 좌	說是大乘經 설 시 대 승 경
於佛宴寂後 어 불 연 적 후	宣揚助法化 선 양 조 법 화

一一沙彌等　所度諸衆生
일 일 사 미 등　소 도 제 중 생

有六百萬億　恒河沙等衆
유 육 백 만 억　항 하 사 등 중

彼佛滅度後　是諸聞法者
피 불 멸 도 후　시 제 문 법 자

在在諸佛土　常與師俱生
재 재 제 불 토　상 여 사 구 생

是十六沙彌　具足行佛道
시 십 육 사 미　구 족 행 불 도

今現在十方　各得成正覺
금 현 재 시 방　각 득 성 정 각

爾時聞法者　各在諸佛所
이 시 문 법 자　각 재 제 불 소

其有住聲聞　漸教以佛道
기 유 주 성 문　점 교 이 불 도

我在十六數　曾亦爲汝說
아 재 십 육 수　증 역 위 여 설

是故以方便　引汝趣佛慧
시 고 이 방 편　인 여 취 불 혜

以是本因緣　今說法華經
이 시 본 인 연　금 설 법 화 경

令汝入佛道　慎勿懷驚懼
영 여 입 불 도　신 물 회 경 구

譬如險惡道　逈絕多毒獸
비 여 험 악 도　형 절 다 독 수

又復無水草　人所怖畏處
우 부 무 수 초　인 소 포 외 처

無數千萬衆　欲過此險道
무 수 천 만 중　욕 과 차 험 도

其路甚曠遠　經五百由旬
기 로 심 광 원　경 오 백 유 순

時有一導師　強識有智慧
시 유 일 도 사　강 식 유 지 혜

明了心決定　在險濟衆難
명 료 심 결 정　재 험 제 중 난

衆人皆疲惓　而白導師言
중 인 개 피 권　이 백 도 사 언

我等今頓乏　於此欲退還
아 등 금 돈 핍　어 차 욕 퇴 환

導師作是念　此輩甚可愍
도　사　작　시　념　　차　배　심　가　민

如何欲退還　而失大珍寶
여　하　욕　퇴　환　　이　실　대　진　보

尋時思方便　當設神通力
심　시　사　방　편　　당　설　신　통　력

化作大城郭　莊嚴諸舍宅
화　작　대　성　곽　　장　엄　제　사　택

周匝有園林　渠流及浴池
주　잡　유　원　림　　거　류　급　욕　지

重門高樓閣　男女皆充滿
중　문　고　누　각　　남　녀　개　충　만

卽作是化已　慰衆言勿懼
즉　작　시　화　이　　위　중　언　물　구

汝等入此城　各可隨所樂
여　등　입　차　성　　각　가　수　소　락

諸人旣入城　心皆大歡喜
제　인　기　입　성　　심　개　대　환　희

皆生安隱想　自謂已得度
개　생　안　은　상　　자　위　이　득　도

導師知息已　集衆而告言
도 사 지 식 이　집 중 이 고 언

汝等當前進　此是化城耳
여 등 당 전 진　차 시 화 성 이

我見汝疲極　中路欲退還
아 견 여 피 극　중 로 욕 퇴 환

故以方便力　權化作此城
고 이 방 편 력　권 화 작 차 성

汝等勤精進　當共至寶所
여 등 근 정 진　당 공 지 보 소

我亦復如是　爲一切導師
아 역 부 여 시　위 일 체 도 사

見諸求道者　中路而懈廢
견 제 구 도 자　중 로 이 해 폐

不能度生死　煩惱諸險道
불 능 도 생 사　번 뇌 제 험 도

故以方便力　爲息說涅槃
고 이 방 편 력　위 식 설 열 반

言汝等苦滅　所作皆已辦
언 여 등 고 멸　소 작 개 이 판

旣知到涅槃　皆得阿羅漢
기　지　도　열　반　　개　득　아　라　한

爾乃集大衆　爲說眞實法
이　내　집　대　중　　위　설　진　실　법

諸佛方便力　分別說三乘
제　불　방　편　력　　분　별　설　삼　승

唯有一佛乘　息處故說二
유　유　일　불　승　　식　처　고　설　이

今爲汝說實　汝所得非滅
금　위　여　설　실　　여　소　득　비　멸

爲佛一切智　當發大精進
위　불　일　체　지　　당　발　대　정　진

汝證一切智　十力等佛法
여　증　일　체　지　　십　력　등　불　법

具三十二相　乃是眞實滅
구　삼　십　이　상　　내　시　진　실　멸

諸佛之導師　爲息說涅槃
제　불　지　도　사　　위　식　설　열　반

旣知是息已　引入於佛慧
기　지　시　식　이　　인　입　어　불　혜

사경 끝난 날 : 불기   년   월   일

_____ 두손 모음

한문 법화경 사경 3

발행일 2024년 7월 18일
펴낸이 김시열
펴낸곳 도서출판 운주사
　　　　(02832) 서울시 성북구 동소문로 67-1 성심빌딩 3층
　　　　전화 (02) 926-8361 | 팩스 (0505) 115-8361
ISBN 978-89-5746-797-8　03220　값 6,000원
http://cafe.daum.net/unjubooks (다음 카페: 도서출판 운주사)